AF326490

1505.

LETTRES

PATENTES DV ROY LOYS DOVZIESME,

portant abolition de tous peages & subside
mis & imposez sur les marchandises & ba-
steauls montans & baissans sur la Riuiere de
Loyre & autres fleuues y dessendans depuis
cent ans en ça, & atribution de Iurisdiction
de tous les procez meux, & à mouuoir par-
deuant Nosseigneurs de sa Cour de Parlement à Paris, priuatiuement à toutes autres.

A ORLEANS.

Par Gilles Hotot, Imprimeur ordinaire du Roy,
& de Monseigneur le Duc d'Orleans.

M. DC, XXIX.

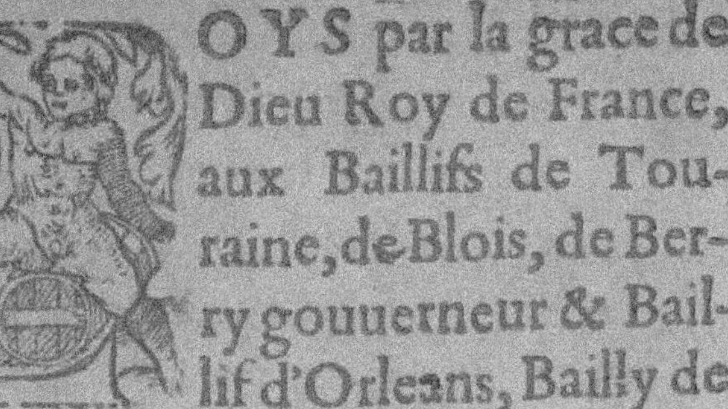

OYS par la grace de
Dieu Roy de France,
aux Baillifs de Tou-
raine, de Blois, de Ber-
ry gouuerneur & Bail-
lif d'Orleans, Bailly de
sainct Pierre le Mouſtier, de Montfe-
rant, d'Amboiſe, Seneſchaux d'Anjou
& Dumaine, & à tous nos autres Iuſti-
ciers & officiers, ou a leurs Lieutenans
& a chacun d'eux ſalut, receuë auons
l'humble ſupplicatiõ de noſtre Procureur general, & du Procureur general
des Marchans frequentans & marchan-
dans ſur noſtre Riuiere de Loire, & autres fleuues nauigables deſcendans en
icelle depuis le commencement que
leſdictes Riuieres ſont nauigables iuſques à la mer, contenant, que ſur & au
long deſdictes Riuieres par leſquelles
les marchans frequentans & marchan-
dans ſur icelles, tant en montant deſ-
cendant & trauerſant leurs marchandi-

ſes a pluſieurs Chaſteaulx, Villes, forte-
reſſes, terres, Seigneuries & ports eſtans
ſur leſdictes Riuieres appartenans tant
a nous que autres, & combien qu'il ne
fuſt ne ſoit loiſible & permis auſdicts
Seigneurs, Cappitaines, Chaſtellains,
Gouuerneurs, ou Receueurs deſdictes
terres & Seigneuries, ne aucuns autres
ſubjets vaſſal ou enclaues és fins, & me-
tez de noſtredict Royaume, de quel-
que eſtat ou condition que ce ſoit pretendre de impoſer augmenter ou ac-
croiſtre eſdicts terres & Seigneuries aucun peage, truches ſubcides ne aucuns
impoſts ne branlages quels qu'ils ſoient
dicts nommez ne appellez ſur les marchandiſes de ſel, blez, vins, drap d'or
de ſoye, de laine, eſpiceries, fer acier ou
autres marchandiſes & denrees quelles
qu'elles ſoient, par tant paſſans par les
Seigneuries Deſtroicts & trauers d'icelles, s'il n'en appert ſuffiſamment par
octroy de nous ou de nos predeceſ-

seurs deuement expedié, ou par iouif-
sance de tel & si long temps qa'il ne soit
memoire du commencement ne con-
traire, Ce neantmoins plusieurs desdits Seigneurs, Barrons, vassaulx & sub-
iets tant Ecclesiastiques que seculiers,
& aussi aucuns Cappitaines de nos places & autres Seigneuries de leurs pro-
pres volontez & auctoritez premier, &
entreprennét a tort & sans cause, les vns
de fait & de force, les autres par réçon-
neries abbus & tirannies, & par Intro-
duction & extortion desraisonnables,
Ont depuis cent ans en ca, & sans auoir
octroy de nous ou de nosPredecesseurs
mis a creu, augmenté exigé les peages,
subscides branlaiges & impositions e-
stans sur le long & trauers desdictes Riuieres, & ports estans sur icelles, & l'e-
molument qu'ils en veullent auoir, ont
fait & font paier ausdicts marchans a
leur taux & voulonté, Et qui plus est
contraignent lesdicts marchans sup-

plians à paier non tant seullement pour
leurs marchandises qu'ils menent, mais
aussi a cause de leurs personnes, & aussi
pour raison des biens & viures qu'ils
font mener pour leurs vsages & viures,
iaçoit qu'ils n'y soient en riens tenus, &
soubs coulleur desdicts peages, les aucuns desquels, furent anciennement
mis & imposez sur la chose publicque
pour le bien & vtilité d'icelle, conserua-
tion des gens viateurs seureté des marchans & de leurs denrées & marchandises Reparations des chemins des Riuieres estans aux destroicts & iurisdi-
ctions d'icelles places, ont imposé sur
lesdicts supplians leurs denrées & marchandises de trop excessifs & insupportables imposts, creües & augmentations, Et oultre que de ce, les dessusdicts ont voulu contraindre lesdicts
marchans & contraignant à declarer
leursdictes marchandises, Et quant par
inaduertance ou autrement ils oubliét,

a declairer aucune chose de leursdictes
marchandiſes, les aucuns des peagiers
leurs Receueurs commis & depputez,
les arreſtent & prennent comme con-
fiſquez, & par empriſonnemét de leurs
perſonnes, dont ils ne peuuent auoir
deliurance, iuſques a tant qu'ils ſeſoient
renconnez à la voulonté deſdicts peagiers, Et oultre pluſieurs deſdicts Seigneurs peagiers ou leurs Receueurs,
commis & depputez, ont prins &
prennent de fait, ſans paier pluſieurs
denrees & marchandiſes deſdicts ſup-
pliás quát ils paſſent par leurs deſtroicts
& Seigneuries, Et auecques ce ont &
tiennent ſur leſdictes Riuieres, & ſur
les Riuages d'icelles, pluſieurs naſſieres,
peſcheries, moulins, combres & fons,
& y a auſſi pluſieurs arbres, bois, hayes,
paulx, & autres choſes empeſchans le
cours deſdictes Riuieres & paſſages, tellement que les baſteaulx & challans ne
peuuent paſſer, & en ſont perilles & pe-

rillent souuent, Et a cause desdictes
creuës & augmentatiós d'iceux peages
tenus subsides treux, & nouueaux imposts, lesdicts supplians sont grande-
ment interessez, & endommagez, &
en grand destriment, dommaige, &
destruction du font de leursdictes marchandises & desdicts supplians dont
plusieurs sont destruicts du corps, mar-
chandise, cheuances, & autres biens
qui est chose bien pitealable. Ou grand
contempt mespris & irreuerance de
nous & au tres-grand grief preiudice &
dommaige de la chose publicque de
nostre Royaulme & desdicts supplians,
& plus seroit, ce par nous ne leur estoit
sur ce pourueu de nostre gratieux re-
mede conuenable. Si comme ils dient
humblement requerant iceluy, Pour-
quoy nous les choses dessusdictes
considerees ayant regard aux grandes
plaintes, clameurs & doleances, qui
souuentesfois nous ont esté faictes en

cefte partie, touchant lefdicts peages,
creuës & augmentations d'iceux defi-
rans de tout noftre pouuoir & voulonté, y mettre & donner prouifion deuë
& conuenable, pour le bien continua-
tion & entretenement du faict de la
marchandife, prouffit de nous & de la
chofe publicque de noftredict Royaume, auffi preferuer & garder lefdicts
fupplians de tous griefs moleftations &
nouuelletez indeuës, à la conferuation
de nos gabelles & cours defdictes marchandifes par l'aduis & deliberation
des gens de noftre grand Confeil.

Auons ordonné dit & dotaire difons
declairons & ordonnons par Edict per-
petuel, que toutes creues & augmentations & tous autres nouueaulx impofts
treus, peages, branlages & fubfides, faictes controuueés & impofeés fur lefdicts marchans & marchandifes depuis
ledict temps de cent ans en ça, fans

octroy de nous ou de nos predecef-
feurs, foient abbatus, reuocquez, caf-
fez, & adnullez, & iceux abbatons, re-
uocquons, caffons, & adnullôs, & met-
tons du tout au neant par ces prefentes.
Si vous mandons commandons & ex-
preffement enioignons en commet-
tant fi meftier eft, & a vn chacun de
vous fi comme a luy appartiendra, que
nos prefens Edict declaration & ordonnances vous faictes figniffier & publier
par cry public & folemnel, & autremét
ainfi que le cas le requiert, par tous les
lieux de vos deftroicts & iurifdictions
ou il appartiendra, & que verrez au cas
appartenir, tellement que aucun n'en
puiffe ou doit pretendre iufte caufe d'i-
gnorance, en faifant ou faifant faire par
cry public & folemnel, & autrement
exppreffe inhibition & deffenfe de par
nous, de tous les Seigneurs, Capitaines,
Chaftellains, peagiers leurs Receueurs

commis & depputez, és lieux deſſus
leſdictes Riuieres qu'il appartiendra &
dont ſerez requis, Leſquels ont ainſi
cuilly & leué cueillent & leuent oultres
les termes de raiſon leſdictes creues &
augmentations & autres nouueaux impoſts, peages, branlaiges deſſuſdictes
ſans tiltre de nous ou de nos predeceſſeurs depuis le temps de cent ans en ça,
ou iouyſſance telle que deſſus, qu'ils &
vn chacun d'eux d'oreſnauant ne ſoient
ſi hardis ne oſez de leuer faire ou ſouf-
frir leuer aucuns autres peages, que
ceux qu'ils ont par octroy de nous ou
de noſdicts predeceſſeurs comme dit
eſt, ſur quelsconques marchandiſes que
ce ſoient ne autres choſes paſſans ſurleſ-
dictes Riuieres tant en montant deſ-
cendant que trauerſant, Et ce ſur peine
de perdition dudict droict qu'ils pre-
tendent auoir eſdicts peages & d'aman-
de arbitraire a nous applicquer, Et ou-

tre faictes ou faictes faire expres commandement de par nous sur certaines
& grand peines a nous à appliquer, aux
dessusdicts pretendans droict esdicts
peaiges, ont dedans six sepmaines a
compter du iour & dapte que lesdicts
commandemens leur seront faits, qu'ils
auoit a apporter ou enuoyer par deuers
nos amez & feaux Conseillers, les gens
tenant nostre Cour de Parlement à Paris, leursdicts tiltres enseignemens &
enquestes sur ce faictes par vous & chacun de vous, & comme à luy appartiendra, pour lesquelles faire vous auons
commis & depputez, commettons &
depputons par ces presentes, de la iouissance dessusdicts soubs coulleur desquels ils tiennent lesdicts peages, & ledict temps de six sepmaines passé, inhibez, & deffendez aux dessusdicts pretendans droict ausdicts peages ausquels
nous auons inhibé & deffendu, inhi-

bons & deffendons par ces presentes
de ne leuer iceux peages nonobstant
oppositions ou appellations quelsconques iusques a ce que par lesdicts gens
de nostredicte Cour de Parlement autrement en soit ordonné, Et aussi faictes ou faictes faire expres commandement de par nous sur lesdictes peines a
tous ceux qu'il appartiendra & dont serez requis que lesdictes escluses, pes-
cheries, n'assieres, moulins, combres,
fons, paulx, & autres choses empes-
chans le cours desdictes Riuieres passa-
ge desdicts basteaulx, & en allans que
sans auctorité de nous ou de nosdicts
predecesseurs, ou la iouissance du téps
dessusdictes ont esté faictes, ils ostoit
ou facent oster par lesdictes Riuieres
chacun endroit soy sans aucun delay &
à leurs despens, & en leur reffus vous
mesmes les ostez ou faictes oster &
mettre en tel estat & deu, que lesdicts

cours & chemins puissent estre si seurs
que aucun inconueniant ou dommaige ne s'en puisse ensuir ausdicts marchans ne a leurs denrées & marchandises, & generallement on fait de la chose
publicque. Et aussi leur faictes inhibition & deffense de par nous & sur grans
peines à nous a applicquer qu'ils ne
preignent de leurs denrées & marchandises sans la payer ne aussi leurs personnes arrester ne emprisonner, parmy ce
toutesfois, que lesdicts marchans paie-
ront ou appoincterons auecques lesdicts Seigneurs peagiers leurs Receueurs commis & depputez en maniere
que le droict de leurs anciens peages ne
soit retardé. Et à faire & souffrir les choses dessusdictes en chacune d'icelles.
Contraignez ou faictes contraindre
tous ceux qui pource feront à contraindre par la prise & detention en nostre
main de leurs terres & Seigneuries , &

par toutes autres voyes deuës & raison-
nables, Et en cas d'opposition de bat
ou contredict lesdicts peages & nouueaulx imposts mis sur ou à mettre le
temps dessusdicts escheu & passé tenus
en suspens & surceance sans ce que aucune chose en puisse ou doit estre leuée
sur lesdicts marchans leurs denrees &
marchandises qu'elles quelles soient, &
lesdictes contrainctes & commandemens, & chacun d'iceux tenans pendant
le procez, nonobstant oppositions ou
appellations quelsconques faictes ou a
faire, releuée ou à releuer & sans preiudice d'icelles, iusques à ce que par nostredict Court de Parlement autrement
en soit ordonné, par laquelle nous vou-
lons que vous lesdictes parties estre
renuoyez pour sur le tout leur estre fait
droict. Et pource que plusieurs proces
sont pendans pour raison desdicts peages en plusieurs lieux de nosdicts bail-

liage & Senechaucées desquels iceux
exposans n'ont peu & ne peuuent auoir
l'expedition, & s'il les conuenoit pour-
suir en chacun desdicts lieux leur seroit
mise insupportables, aussi diuers & contraires iugemens s'en pourroient ensuir
comme dit est, Pour a ce obuier & que
tout soit iugé par mesmes Iuges iceux
proces ainsi pendans & indecis esdicts
lieux & chacune d'icelles leurs circon-
stances & deppendances à nous de
nostre certaine science , grace especiñ
plaine puissance & authorité Royal,
euocquée & euocquons par edict lesdicts gens de nostredict Court de Parlement à Paris du premier iour de
           prochain venant pour y estre
decidée & determinée comme de raison, sans ce que vous ne chacun devous
en puisse plus retenir aucune court, iurisdiction ne cognoissance de laquelle
vous auons interdicte & deffenduë, in-
terdi

terdifons & deffendons par ces prefentes. Si mandons en oultre & commettons au premier Huyffier de noftre
Court de Parlement ou autre fergent
fur ce requis que cefdictes prefentes, il
vous figniffie & a chacun de vous ou
à vos Lieutenans, & femblablement
aufdicts gens d'Eglifes nobles & autres
ayans droict de peage, fermiers, Pro-
cureurs & tous autres qu'il appartiendra en les adiournant audict iour, &
leur faire inhibition, & deffence de
par nous fur lefdictes peines pour rai-
fon de leurdicte matiere, circonftan-
ces & deppendances d'icelle. Ils ne trai-
ctent pourfuiuent ou facent conuenir
lefdicts expofans ailleurs ne en autre
Court & Iurifdiction, que en noftre-
dicte Court de Parlement iufques a ce
que par eux autrement en foit ordonné, en ratiffiant aufdict iour ou iours,
nofdicts Cófeillers de noftredite Court

C

de Parlement de tout ce que faict aura
esté sur ce, & leur renuoyent lesdicts in-
formations ou information seable-
ment closes & scellees, ausquels nous
mandons, & pource que ceste matiere
qui touche nous est le faict de la chose
publicque de nostre Royaume & est
de grandes importance, & pourra
mieux & plus briefuement estre vui-
dée, traictée & disputée en nostredicte
Court de Parlement que ailleurs tous
ports & faueurs cessans, commandons
& enioignons que aux parties oyez, furent bon & brief droit & accomplisse-
ment de Iustice en faisant telle proui-
sion touchant les choses dessusdictes
ausdicts marchans a leursdicts Procu-
reurs en leurs proces qui sur ce se pour-
ront mouuoir qu'ils verront estre à faire pour raison au bien & vtilité de la
chose publicque de nostredict Royaume, en faisant outre expres com-

mandement de par nous sur certaines
& grand peines a nous à appliquer a
tous ceux dont par lesdicts supplians
serez requis que incontinant & sans delay ils enuoyent seurement toutes &
chacunes les pieces proces & procedu-
res saucunes en ont seruant à la matiere
pardeuers nostredicte Court de Parlement, car ainsi nous plaist-il, estre fait
par cesdictes presentes, & pource que
de ces presentes lesdicts suppliens pourroient auoir a faire en plusieurs & diuers lieux, nous voullons que au Vi-
dimus d'icelles fait soubs seel Royal
foy soit adioustee comme au present
original, nonobstant quelsconques
lettres mandemens, ordonnances, re-
strinctions, ou deffenses impetrées ou
à impetrer à ce contraires.

Donné à Blois le vingt-septiesme iour
de May, l'an de grace mil cinq cens &
cinq, & de nostre Regne le huictiesme
ainsi Signé par le Roy, bons, & autres,
presens de moulins.

Collation faicte à l'original, par nous Nocturs
du Chastellet d'Orleans, & Greffier de la Comu-
nauté desdits Marchans soubz-signé le premier
iour de Mars, mil six cens vingt-neuf.